El Mensaje
de Silo

El Mensaje

de Silo

El Libro
La Experiencia
El Camino

Latitude Press

Información sobre el Mensaje de Silo
www.elmensajedesilo.net

Nota de los impresores

El Mensaje dado por Silo en julio de 2002, consta de tres partes: el Libro; la Experiencia y el Camino.

El Libro es conocido desde hace tiempo como "La Mirada Interna".

La Experiencia está planteada a través de ocho ceremonias.

El Camino es un conjunto de reflexiones y sugerencias.

En esta recopilación está el Mensaje completo. Circula impreso y a través de las redes informáticas.

INDICE

EL LIBRO

La Mirada Interna   1

    I. La Meditación   3

   II. Disposición para Comprender   4

  III. El Sin-sentido   6

  IV. La Dependencia   8

    V. Sospecha del Sentido   10

  VI. Sueño y Despertar   12

 VII. Presencia de la Fuerza   14

VIII. Control de la Fuerza   16

  IX. Manifestaciones de la Energía   18

    X. Evidencia del Sentido   21

  XI. El Centro Luminoso   22

 XII. Los Descubrimientos   23

XIII. Los Principios   25

XIV. La Guía del Camino Interno   28

 XV. La Experiencia de Paz
y el Pasaje de la Fuerza   31

 XVI. Proyección de la Fuerza   35

XVII. Pérdida y Represión de la Fuerza   38

XVIII. Acción y Reacción de la Fuerza   41

XIX. Los Estados Internos   43

XX. La Realidad Interior   51

LA EXPERIENCIA

Ceremonias   55

    Oficio   56

    Imposición   58

    Bienestar   60

    Protección   62

    Matrimonio   64

    Asistencia   67

    Muerte   70

    Reconocimiento   72

EL CAMINO   77

EL LIBRO

La Mirada Interna

I. MEDITACION

1. Aquí se cuenta cómo al sin-sentido de la vida se lo convierte en sentido y plenitud.
2. Aquí hay alegría, amor al cuerpo, a la naturaleza, a la humanidad y al espíritu.
3. Aquí se reniega de los sacrificios, del sentimiento de culpa y de las amenazas de ultratumba.
4. Aquí no se opone lo terreno a lo eterno.
5. Aquí se habla de la revelación interior a la que llega todo aquel que cuidadosamente medita en humilde búsqueda.

II. DISPOSICION PARA COMPRENDER

1. Sé cómo te sientes porque a tu estado puedo experimentarlo pero tú no sabes cómo se experimenta lo que digo. Por consiguiente, si te hablo con desinterés de aquello que hace feliz y libre al ser humano, vale la pena que intentes comprender.
2. No pienses que vas a comprender discutiendo conmigo. Si crees que contrariando esto tu entendimiento se aclara puedes hacerlo pero no es ése el camino que corresponde en este caso.
3. Si me preguntas cuál es la actitud que conviene, te diré que es la de meditar en profundidad y sin apuro lo que te explico aquí.
4. Si replicas que tienes cosas más urgentes en qué ocuparte, responderé que siendo tu deseo dormir o morir, no haré nada para oponerme.

5. No argumentes tampoco que te desagrada mi modo de presentar las cosas porque eso no dices de la cáscara cuando te agrada el fruto.

6. Expongo del modo que me parece conveniente no del que fuera deseable para quienes aspiran a cosas alejadas de la verdad interior.

III. EL SIN-SENTIDO

En muchos días descubrí esta gran paradoja: aquellos que llevaron el fracaso en su corazón pudieron alumbrar el último triunfo, aquellos que se sintieron triunfadores quedaron en el camino como vegetales de vida difusa y apagada. En muchos días llegué yo a la luz desde las oscuridades más oscuras guiado no por enseñanza sino por meditación.

Así me dije el primer día:

1. No hay sentido en la vida si todo termina con la muerte.
2. Toda justificación de las acciones, sean éstas despreciables o excelentes, es siempre un nuevo sueño que deja el vacío por delante.
3. Dios es algo no seguro.
4. La fe es algo tan variable como la razón y el sueño.
5. "Lo que uno debe hacer" puede discutirse totalmente y nada viene definitivamente en apoyo de las explicaciones.

6. "La responsabilidad" del que se compromete con algo no es mayor que la responsabilidad de aquel que no se compromete.

7. Me muevo según mis intereses y esto no me convierte en cobarde pero tampoco en héroe.

8. "Mis intereses" no justifican ni desacreditan nada.

9. "Mis razones" no son mejores ni peores que las razones de otros.

10. La crueldad me horroriza pero no por ello y en sí misma es peor o mejor que la bondad.

11. Lo dicho hoy por mí o por otros, no vale mañana.

12. Morir no es mejor que vivir o no haber nacido, pero tampoco es peor.

13. Descubrí no por enseñanza, sino por experiencia y meditación, que no hay sentido en la vida si todo termina con la muerte.

IV. LA DEPENDENCIA

El día segundo.

1. Todo lo que hago, siento y pienso, no depende de mí.
2. Soy variable y dependo de la acción del medio. Cuando quiero cambiar al medio o a mi "yo", es el medio el que me cambia. Entonces busco la ciudad o la naturaleza, la redención social o una nueva lucha que justifique mi existencia... En cada uno de esos casos el medio me lleva a decidir por una u otra actitud. De tal manera mis intereses y el medio aquí me dejan.
3. Digo entonces que no importa qué o quién decide. Digo en esas ocasiones que tengo que vivir, ya que estoy en situación de vivir. Digo todo esto pero no hay nada que lo justifique. Puedo decidirme, vacilar o permanecer. De todas maneras una cosa es mejor que otra, provisoriamente, pero no hay "mejor" ni "peor" en definitiva.

4. Si alguien me dice que aquél que no come muere le responderé que así es, en efecto, y que está obligado a comer aguijoneado por sus necesidades pero no agregaré a esto que su lucha por comer justifica su existencia. Tampoco diré que ello sea malo. Diré, con sencillez, que se trata de un hecho individual o colectivamente necesario para la subsistencia pero sin sentido en el momento en que se pierde la última batalla.

5. Diré, además, que me solidarizo con la lucha del pobre y del explotado y del perseguido. Diré que me siento "realizado" con tal identificación pero comprenderé que nada justifico.

V. SOSPECHA DEL SENTIDO

El día tercero.

1. A veces me he adelantado a hechos que luego sucedieron.
2. A veces he captado un pensamiento lejano.
3. A veces he descrito lugares que nunca visité.
4. A veces he contado con exactitud lo sucedido en mi ausencia.
5. A veces una alegría inmensa me ha sobrecogido.
6. A veces una comprensión total me ha invadido.
7. A veces una comunión perfecta con todo me ha extasiado.
8. A veces he roto mis ensueños y he visto la realidad de un modo nuevo.
9. A veces he reconocido como visto nuevamente algo que veía por primera vez.

...Y todo ello me ha dado que pensar. Buena cuenta me doy que, sin esas experiencias, no podría haber salido del sin-sentido.

VI. SUENO Y DESPERTAR

El día cuarto.

1. No puedo tomar por real lo que veo en mis sueños, tampoco lo que veo en semisueño, tampoco lo que veo despierto pero ensoñando.

2. Puedo tomar por real lo que veo despierto y sin ensueño. Ello no habla de lo que registran mis sentidos sino de las actividades de mi mente cuando se refieren a los "datos" pensados. Porque los datos ingenuos y dudosos los entregan los sentidos externos y también los internos y también la memoria. Lo válido es que mi mente lo sabe cuando está despierta y lo cree cuando está dormida. Rara vez percibo lo real de un modo nuevo y entonces comprendo que lo visto normalmente se parece al sueño o se parece al semisueño.

Hay una forma real de estar despierto: es la que me ha llevado a meditar profundamente sobre lo dicho hasta aquí y es, además, la que me abrió la puerta para descubrir el sentido de todo lo existente.

VII. PRESENCIA DE LA FUERZA

El día quinto.

1. Cuando estaba realmente despierto iba escalando de comprensión en comprensión.
2. Cuando estaba realmente despierto y me faltaba vigor para continuar en el ascenso podía extraer la Fuerza de mí mismo. Ella estaba en todo mi cuerpo. Toda la energía estaba hasta en las más pequeñas células de mi cuerpo. Esta energía circulaba y era más veloz e intensa que la sangre.
3. Descubrí que la energía se concentraba en los puntos de mi cuerpo cuando éstos actuaban y se ausentaba cuando en ellos no había acción.
4. Durante las enfermedades la energía faltaba o se acumulaba exactamente en los puntos afectados. Pero si lograba restablecer su pasaje normal muchas enfermedades empezaban a retroceder.

Algunos pueblos conocieron esto y actuaron restableciendo la energía mediante diversos procedimientos hoy extraños a nosotros.

Algunos pueblos conocieron esto y actuaron comunicando esa energía a otros. Entonces se produjeron "iluminaciones" de comprensión y hasta "milagros" físicos.

VIII. CONTROL DE LA FUERZA

El día sexto.

1. Hay una forma de dirigir y concentrar la Fuerza que circula por el cuerpo.
2. Hay puntos de control en el cuerpo. De ellos depende lo que conocemos como movimiento, emoción e idea. Cuando la energía actúa en esos puntos se producen las manifestaciones motrices, emotivas e intelectuales.
3. Según la energía actúe más interna o superficialmente en el cuerpo surge el sueño profundo, el semisueño, o el estado de despierto... Seguramente las aureolas que rodean el cuerpo o la cabeza de los santos (o de los grandes despiertos), en las pinturas de las religiones, aluden a ese fenómeno de la energía que, en ocasiones, se manifiesta más externamente.

4. Hay un punto de control del estar-despierto-verdadero y hay una forma de llevar la Fuerza hasta él.

5. Cuando se lleva la energía a ese lugar todos los otros puntos de control se mueven alteradamente.

Al entender esto y lanzar la Fuerza a ese punto superior, todo mi cuerpo sintió el impacto de una energía enorme y ella golpeó fuertemente en mi conciencia y ascendí de comprensión en comprensión. Pero también observé que podía bajar hacia las profundidades de la mente si perdía el control de la energía. Recordé entonces las leyendas sobre los "cielos" y los "infiernos" viendo la línea divisoria entre ambos estados mentales.

IX. MANIFESTACIONES
DE LA ENERGIA

El día séptimo.

1. Esta energía en movimiento podía "independizarse" del cuerpo manteniendo su unidad.

2. Esta energía unida era una suerte de "doble cuerpo" que correspondía a la representación cenestésica del propio cuerpo en el interior del espacio de representación. De la existencia de este espacio, así como de las representaciones que correspondían a las sensaciones internas del cuerpo, las ciencias que trataban sobre los fenómenos mentales no daban noticia suficiente.

3. La energía desdoblada (es decir: imaginada como "afuera" del cuerpo o "separada" de su base material), se disolvía como imagen o se representaba correctamente dependiendo de la unidad interna que tuviera quien operaba así.

4. Pude comprobar que la "exteriorización" de esa energía que representaba al propio cuerpo como "afuera" del cuerpo, se producía ya desde los niveles más bajos de la mente. En esos casos sucedía que el atentado contra la unidad más primaria de la vida provocaba esa respuesta como salvaguardia de lo amenazado. Por ello, en el trance de algunos médiums cuyo nivel de conciencia era bajo y cuya unidad interna estaba en peligro, estas respuestas eran involuntarias y no reconocidas como producidas por ellos mismos sino atribuidas a otras entidades.

Los "fantasmas" o "espíritus" de algunos pueblos o de algunos adivinos no eran sino los propios "dobles" (las propias representaciones), de aquellas personas que se sentían tomadas por ellos. Como su estado mental estaba oscurecido (en trance), por haber perdido control de la Fuerza, se sentían manejadas por seres extraños que a veces producían fenómenos notables. Sin duda que muchos "endemoniados" sufrieron tales efectos. Lo decisivo era, entonces, el control de la Fuerza.

Esto variaba por completo tanto mi concepción de la vida corriente como de la vida posterior a la muerte. Mediante estos pensamientos y experiencias fui perdiendo fe en la muerte y desde entonces no creo en ella, como no creo en el sin-sentido de la vida.

X. EVIDENCIA DEL SENTIDO

El día octavo.

1. La real importancia de la vida despierta se me hizo patente.
2. La real importancia de destruir las contradicciones internas me convenció.
3. La real importancia de manejar la Fuerza, a fin de lograr unidad y continuidad, me llenó de un alegre sentido.

XI. EL CENTRO LUMINOSO

El día noveno.

1. En la Fuerza estaba la "luz" que provenía de un "centro".
2. En la disolución de la energía había un alejamiento del centro y en su unificación y evolución, un correspondiente funcionamiento del centro luminoso.

No me extrañó encontrar en antiguos pueblos la devoción por el dios-Sol y comprendí que si algunos adoraron al astro porque daba vida a su tierra y a la naturaleza, otros advirtieron en ese cuerpo majestuoso el símbolo de una realidad mayor.

Hubo quienes fueron más lejos aún y recibieron de ese centro incontables dones que a veces "descendieron" como lenguas de fuego sobre los inspirados, a veces como esferas luminosas, a veces como zarzas ardientes que se presentaron ante el temeroso creyente.

XII. LOS DESCUBRIMIENTOS

El día décimo.

Pocos pero importantes fueron mis descubrimientos, que resumo de este modo:

1. La Fuerza circula por el cuerpo involuntariamente pero puede ser orientada por un esfuerzo consciente. El logro de un cambio dirigido, en el nivel de conciencia, brinda al ser humano un importante atisbo de liberación de las condiciones "naturales" que parecen imponerse a la conciencia.
2. En el cuerpo existen puntos de control de sus diversas actividades.
3. Hay diferencias entre el estado de despierto-verdadero y otros niveles de conciencia.
4. Puede conducirse la Fuerza al punto del real despertar (entendiendo por "Fuerza" a la energía mental que acompaña a determinadas imágenes y por "punto" a la ubicación de una imagen en un "lugar" del espacio de representación).

Estas conclusiones me hicieron reconocer en las oraciones de los pueblos antiguos, el germen de una gran verdad que se oscureció en los ritos y prácticas externas no alcanzando ellos a desarrollar el trabajo interno que, realizado con perfección, pone al hombre en contacto con su fuente luminosa. Finalmente, advertí que mis "descubrimientos" no eran tales sino que se debían a la revelación interior a la que accede todo aquel que, sin contradicciones, busca la luz en su propio corazón.

XIII. LOS PRINCIPIOS

Distinta es la actitud frente a la vida y a las cosas cuando la revelación interna hiere como el rayo.

Siguiendo los pasos lentamente, meditando lo dicho y lo por decir aún, puedes convertir el sin-sentido en sentido. No es indiferente lo que hagas con tu vida. Tu vida, sometida a leyes, está expuesta ante posibilidades a escoger. Yo no te hablo de libertad. Te hablo de liberación, de movimiento, de proceso. No te hablo de libertad como algo quieto, sino de liberarse paso a paso como se va liberando del necesario camino recorrido el que se acerca a su ciudad. Entonces, "lo que se debe hacer" no depende de una moral lejana, incomprensible y convencional, sino de leyes: leyes de vida, de luz, de evolución.

He aquí los llamados "Principios" que pueden ayudar en la búsqueda de la unidad interior:

LOS PRINCIPIOS

1. Ir contra la evolución de las cosas es ir contra uno mismo.
2. Cuando fuerzas algo hacia un fin produces lo contrario.
3. No te opongas a una gran fuerza. Retrocede hasta que aquella se debilite, entonces avanza con resolución.
4. Las cosas están bien cuando marchan en conjunto no aisladamente.
5. Si para ti están bien el día y la noche, el verano y el invierno, has superado las contradicciones.
6. Si persigues el placer te encadenas al sufrimiento. Pero, en tanto no perjudiques tu salud, goza sin inhibición cuando la oportunidad se presente.
7. Si persigues un fin, te encadenas. Si todo lo que haces lo realizas como si fuera un fin en sí mismo, te liberas.
8. Harás desaparecer tus conflictos cuando los entiendas en su última raíz no cuando quieras resolverlos.

9. Cuando perjudicas a los demás quedas encadenado. Pero si no perjudicas a otros puedes hacer cuanto quieras con libertad.
10. Cuando tratas a los demás como quieres que te traten te liberas.
11. No importa en qué bando te hayan puesto los acontecimientos, lo que importa es que comprendas que tú no has elegido ningún bando.
12. Los actos contradictorios o unitivos se acumulan en ti. Si repites tus actos de unidad interna ya nàda podrá detenerte.

Serás como una fuerza de la Naturaleza cuando a su paso no encuentra resistencia. Aprende a distinguir aquello que es dificultad, problema, inconveniente, de esto que es contradicción. Si aquellos te mueven o te incitan, ésta te inmoviliza en círculo cerrado.

Cuando encuentres una gran fuerza, alegría y bondad en tu corazón, o cuando te sientas libre y sin contradicciones, inmediatamente agradece en tu interior. Cuando te suceda lo contrario pide con fe y aquel agradecimiento que acumulaste volverá convertido y ampliado en beneficio.

XIV. LA GUIA DEL CAMINO INTERNO

Si has comprendido lo explicado hasta aquí bien puedes experimentar, mediante un simple trabajo, la manifestación de la Fuerza. Ahora bien, no es igual que observes una posición mental más o menos correcta (como si se tratara de una disposición al quehacer técnico), a que asumas un tono y una apertura emotiva próxima a la que inspiran los poemas. Es por ello que el lenguaje usado para trasmitir estas verdades tiende a facilitar esa postura que pone con mayor facilidad en presencia de la percepción interna y no de una idea acerca de la "percepción interna".

Ahora sigue con atención lo que voy a explicarte ya que trata acerca del paisaje interior que puedes encontrar al trabajar con la Fuerza y de las direcciones que puedes imprimir a tus movimientos mentales:

"Por el camino interno puedes andar oscurecido o luminoso. Atiende a las dos vías que se abren ante ti.

Si dejas que tu ser se lance hacia regiones oscuras, tu cuerpo gana la batalla y él domina. Entonces brotarán sensaciones y apariencias de espíritus, de fuerzas, de recuerdos. Por allí se desciende más y más. Allí están el Odio, la Venganza, la Extrañeza, la Posesión, los Celos, el Deseo de Permanecer. Si desciendes más aún, te invadirá la Frustración, el Resentimiento y todos aquellos ensueños y deseos que han provocado ruina y muerte a la humanidad.

Si impulsas a tu ser en dirección luminosa, encontrarás resistencia y fatiga a cada paso. Esta fatiga del ascenso tiene culpables. Tu vida pesa, tus recuerdos pesan, tus acciones anteriores impiden el ascenso. Esta escalada es difícil por acción de tu cuerpo que tiende a dominar.

En los pasos del ascenso se encuentran regiones extrañas de colores puros y de sonidos no conocidos.

No huyas de la purificación que actúa como el fuego y que horroriza con sus fantasmas.

Rechaza el sobresalto y el descorazonamiento.

Rechaza el deseo de huir hacia regiones bajas y oscuras.

Rechaza el apego a los recuerdos.

Queda en libertad interior con indiferencia hacia el ensueño del paisaje, con resolución en el ascenso.

La luz pura clarea en las cumbres de las altas cadenas montañosas y las aguas de los mil-colores bajan entre melodías irreconocibles hacia mesetas y praderas cristalinas.

No temas la presión de la luz que te aleja de su centro cada vez más fuertemente. Absórbela como si fuera un líquido o un viento porque en ella, ciertamente, está la vida.

Cuando en la gran cadena montañosa encuentres la ciudad escondida debes conocer la entrada. Pero esto lo sabrás en el momento en que tu vida sea transformada. Sus enormes murallas están escritas en figuras, están escritas en colores, están 'sentidas'. En esta ciudad se guarda lo hecho y lo por hacer... Pero a tu ojo interno es opaco lo transparente. Sí, ¡los muros te son impenetrables!

Toma la Fuerza de la ciudad escondida.
Vuelve al mundo de la vida densa con tu frente y tus manos luminosas."

XV. LA EXPERIENCIA DE PAZ Y EL PASAJE DE LA FUERZA

1. Relaja plenamente tu cuerpo y aquieta la mente. Entonces imagina una esfera transparente y luminosa que, bajando hacia ti, termina por alojarse en tu corazón. Reconocerás al momento que la esfera deja de aparecerse como imagen para transformarse en sensación dentro del pecho.

2. Observa cómo la sensación de la esfera se expande lentamente desde tu corazón hacia fuera del cuerpo al tiempo que tu respiración se hace más amplia y profunda. Al llegar la sensación a los límites del cuerpo puedes detener allí toda operación y registrar la experiencia de paz interior. En ella puedes permanecer el tiempo que te parezca adecuado. Entonces haz retroceder esa expansión anterior (llegando, como al comienzo, al corazón) para desprenderte de tu esfera y concluir el ejercicio calmo y reconfortado. A este trabajo se le llama "experiencia de paz".

3. Pero, en cambio, si quisieras experimentar el pasaje de la Fuerza, en lugar de retroceder en la expansión deberías aumentarla dejando que tus emociones y todo tu ser la sigan. No trates de poner tu atención en la respiración. Deja que ella actúe por sí sola mientras sigues la expansión fuera de tu cuerpo.

4. Debo repetirte esto: tu atención, en tales momentos, debe estar en la sensación de la esfera que se expande. Si no puedes lograr esto conviene que te detengas y lo intentes en otra oportunidad. De todas maneras, si no produces el pasaje podrás experimentar una interesante sensación de paz.

5. Si, en cambio has ido más lejos, comenzarás a experimentar el pasaje. Desde tus manos y otras zonas del cuerpo te llegará un tono de sensación diferente al habitual. Luego percibirás ondulaciones progresivas y al poco tiempo brotarán con vigor imágenes y emociones. Deja entonces que se produzca el pasaje...

6. Al recibir la Fuerza percibirás la luz o extraños sonidos dependientes de tu particular modo de representación habitual. En todo caso importante será la experimentación de

la ampliación de la conciencia uno de cuyos indicadores deberá ser una mayor lucidez y disposición para comprender lo que ocurre.

7. Cuando lo desees puedes terminar con ese singular estado (si es que antes no fue diluyéndose por el simple transcurrir), imaginando o sintiendo que la esfera se contrae y luego sale de ti del modo en que había llegado al comenzar con todo aquello.

8. Interesa comprender que numerosos estados alterados de conciencia han sido y son logrados, casi siempre, poniendo en marcha mecanismos similares a los descriptos. Desde luego que revestidos de extraños rituales o a veces reforzados por prácticas de agotamiento, desenfreno motriz, repetición y posturas que, en todos los casos, alteran la respiración y distorsionan la sensación general del intracuerpo. Debes reconocer en ese campo a la hipnosis, la mediumnidad y también la acción de droga que, actuando por otra vía, produce similares alteraciones. Y, por cierto, todos los casos mencionados tienen por signo el no control y el desconocimiento de lo que ocurre. Desconfía de tales manifestaciones y considéralas como

simples "trances" por los que han pasado los ignorantes, los experimentadores y aún los "santos", según cuentan las leyendas.

9. Si has trabajado observando lo recomendado puede suceder, no obstante, que no hayas logrado el pasaje. Ello no puede convertirse en foco de preocupación sino en indicador de falta de "soltura" interior, lo que podría reflejar mucha tensión, problemas en la dinámica de imagen y, en suma, fragmentación en el comportamiento emotivo... Cosa que, por otra parte, estará presente en tu vida cotidiana.

XVI. PROYECCION DE
LA FUERZA

1. Si has experimentado el pasaje de la Fuerza
    podrás comprender cómo, basándose en
    fenómenos similares pero sin ninguna
    comprensión, distintos pueblos pusieron en
    marcha ritos y cultos que luego se multipli-
    caron sin cesar. Por medio de experiencias
    del tipo ya comentado, muchas personas
    sintieron a sus cuerpos "desdoblados". La
    experiencia de la Fuerza les dio la sensación
    de que a esta energía podían proyectarla
    fuera de sí.

2. La Fuerza fue "proyectada" a otros y también
    a objetos particularmente "aptos" para
    recibirla y conservarla. Confío en que no
    te será difícil entender la función con que
    cumplieron ciertos sacramentos en distintas
    religiones e, igualmente, el significado de
    lugares sagrados y de sacerdotes supuesta-
    mente "cargados" con la Fuerza. Cuando
    algunos objetos fueron adorados con fe en

los templos y se los rodeó de ceremonia y rito, seguramente "devolvieron" a los creyentes la energía acumulada por oración repetida. Es una limitación al conocimiento del hecho humano, el que casi siempre se haya visto estas cosas por la explicación externa según cultura, espacio, historia y tradición, cuando la experiencia interna básica es un dato esencial para entender todo esto.

3. Este "proyectar", "cargar" y "restituir" la Fuerza, volverá a ocuparnos más adelante. Pero desde ya te digo que el mismo mecanismo sigue operando aún en sociedades desacralizadas donde los líderes y los hombres de prestigio están nimbados de una especial representación para aquél que los ve y quisiera hasta "tocarlos", o apoderarse de un fragmento de sus ropas, o de sus utensilios.

4. Porque toda representación de lo "alto" va desde el ojo hacia arriba de la línea normal de la mirada. Y "altas" son las personalidades que "poseen" la bondad, la sabiduría y la fuerza. Y en lo "alto" están las jerarquías y los poderes y las banderas y el Estado.

Y nosotros, comunes mortales, debemos "ascender" en la escala social y acercarnos al poder a todo coste. Qué mal estamos, manejados aún por esos mecanismos que coinciden con la representación interna, con nuestra cabeza en lo "alto" y nuestros pies pegados a la tierra. Qué mal estamos, cuando se cree en esas cosas (y se cree porque tienen su "realidad" en la representación interna). Qué mal estamos, cuando nuestra mirada externa no es sino proyección ignorada de la interna.

XVII. PERDIDA Y REPRESION DE LA FUERZA

1. Las mayores descargas de energía se producen por actos descontrolados. Estos son: la imaginación sin freno, la curiosidad sin control, la charla desmedida, la sexualidad excesiva y la percepción exagerada (el mirar, oír, gustar, etc., de manera desbordada y sin objetivo). Pero debes reconocer también que muchos proceden de ese modo porque descargan sus tensiones que de otro modo serían dolorosas. Considerando esto y viendo la función con que cumplen tales descargas convendrás conmigo en que no es razonable reprimirlas sino más bien ordenarlas.

2. En cuanto a la sexualidad debes interpretar correctamente esto: tal función no debe ser reprimida porque en este caso crea efectos mortificantes y contradicción interna. La sexualidad se orienta y concluye en su acto pero no es conveniente que siga afectando la

imaginación o buscando nuevo objeto
de posesión de modo obsesivo.

3. El control del sexo por una determinada
"moral" social o religiosa sirvió a designios
que nada tenían que ver con la evolución sino
más bien con lo contrario.

4. La Fuerza (la energía de la representación de
la sensación del intracuerpo), se desdobló
hacia lo crepuscular en las sociedades
reprimidas y allí se multiplicaron los casos
de "endemoniados", "brujos", sacrílegos y
criminales de toda laya, que gozaron con el
sufrimiento y la destrucción de la vida y la
belleza. En algunas tribus y civilizaciones los
criminales estuvieron repartidos entre los que
ajusticiaron y los ajusticiados. En otros casos
se persiguió a todo lo que era ciencia y
progreso porque se oponía a lo irracional,
a lo crepuscular y a lo reprimido.

5. En ciertos pueblos primitivos existe aún la
represión del sexo así como en otros
consi-derados de "civilización avanzada".
Es evidente que, en unos y otros, el signo
destructivo es grande aunque en los dos
casos el origen de tal situación sea distinto.

6. Si me pides más explicaciones te diré que el sexo es en realidad santo y es el centro desde el cual se impulsa la vida y toda creatividad. Así como desde allí también se impulsa toda destrucción cuando su funcionamiento no está resuelto.

7. Jamás creas las mentiras de los envenenadores de la vida cuando se refieren al sexo como algo despreciable. Por el contrario en él hay belleza y no en vano está relacionado con los mejores sentimientos del amor.

8. Sé cuidadoso entonces y considéralo como una gran maravilla que debe tratarse con delicadeza sin convertirlo en fuente de contradicción o desintegración de la energía vital.

XVIII. ACCION Y REACCION DE LA FUERZA

Te expliqué anteriormente: "Cuando encuentres una gran fuerza, alegría y bondad en tu corazón, o cuando te sientas libre y sin contradicciones, inmediatamente agradece en tu interior".

1. "Agradecer", significa concentrar los estados de ánimo positivos asociados a una imagen, a una representación. Ese estado positivo así ligado permite que en situaciones desfavorables, por evocar una cosa, surja aquella que la acompañó en momentos anteriores. Como, además, esta "carga" mental puede estar elevada por repeticiones anteriores ella es capaz de desalojar emociones negativas que determinadas circunstancias pudieran imponer.

2. Por todo ello, desde tu interior volverá ampliado en beneficio aquello que pidieras siempre que hubieras acumulado en ti numerosos estados positivos. Y ya no necesito repetir

que este mecanismo sirvió (confusamente) para "cargar afuera" objetos o personas, o bien entidades internas que se "proyectaron", creyéndose que atenderían ruegos y pedidos.

XIX. LOS ESTADOS INTERNOS

Debes adquirir ahora suficiente percepción de los estados internos en los que te puedes encontrar a lo largo de tu vida y, particularmente, a lo largo de tu trabajo evolutivo. No tengo otra manera de hacer la descripción, que con imágenes (en este caso, alegorías). Éstas, según me parece, tienen por virtud concentrar "visualmente" estados de ánimo complejos. Por otra parte la singularidad de encadenar tales estados, como si fueran distintos momentos de un mismo proceso, introduce una variante en las descripciones siempre fragmentadas a que nos han acostumbrado aquellos que se ocupan de estas cosas.

1. El primer estado, en el que prevalece el sin-sentido (aquel que mencionamos al comienzo), será llamado "vitalidad difusa". Todo se orienta por las necesidades físicas pero estas son confundidas, a menudo, con deseos e imágenes contradictorias. Allí hay

oscuridad en los motivos y los quehaceres. Se permanece en ese estado vegetando, perdido entre formas variables. Desde ese punto se puede evolucionar sólo por dos vías: la vía de la muerte o la de mutación.

2. La vía de la muerte te pone en presencia de un paisaje caótico y oscuro. Los antiguos conocieron este pasaje y casi siempre lo ubicaron "bajo tierra", o en las profundidades abisales. También algunos visitaron ese reino para luego "resucitar" en niveles luminosos. Capta bien esto de que "abajo" de la muerte existe la vitalidad difusa. Tal vez la mente humana relacione la desintegración mortal con posteriores fenómenos de transformación y, también, tal vez asocie el movimiento difuso con lo previo al nacimiento. Si tu dirección es de ascenso la "muerte" significa un rompimiento con tu etapa anterior. Por la vía de la muerte se asciende hacia otro estado.

3. Llegando a él se encuentra el refugio de la regresión. Desde allí se abren dos caminos: el del arrepentimiento y aquel otro que sirvió para el ascenso, es decir: el camino de la muerte. Si tomas el primero es porque tu

decisión tiende a romper con tu vida pasada. Si regresas por el camino de la muerte recaes en los abismos con esa sensación de círculo cerrado.

4. Ahora bien, te dije que había otro sendero para escapar de la vitalidad abismal, ese era el de la mutación. Si eliges esa vía es porque quieres emerger de tu penoso estado pero sin estar dispuesto a abandonar algunos de sus aparentes beneficios. Es pues un falso camino conocido como de la "mano torcida". Muchos monstruos han salido de las profundidades de ese tortuoso pasadizo. Ellos han querido tomar los cielos por asalto sin abandonar los infiernos y, por tanto, han proyectado en el mundo medio infinita contradicción.

5. Supongo que, ascendiendo desde el reino de la muerte y por tu consciente arrepentimiento, has arribado ya a la morada de la tendencia. Dos delgadas cornisas sostienen tu morada: la conservación y la frustración. La conservación es falsa e inestable. Caminando por ella te ilusionas con la idea de permanencia pero en realidad desciendes velozmente.

Si tomas el camino de la frustración tu subida es penosa, aunque única-no-falsa.

6. De fracaso en fracaso puedes llegar al próximo descanso al que se llama "morada del desvío". Cuidado con las dos vías que tienes ahora por delante: o tomas el camino de la resolución, que te lleva a la generación, o tomas el del resentimiento que te hace descender nuevamente hacia la regresión. Allí estás plantado frente al dilema: o te decides por el laberinto de la vida consciente (y lo haces con resolución), o regresas resentido a tu vida anterior. Son numerosos los que no habiendo logrado superarse cortan allí sus posibilidades.

7. Pero tú que has ascendido con resolución te encuentras ahora en la posada conocida como "generación". Allí tienes tres puertas: una se llama "Caída", otra "Intento" y la tercera "Degradación". La Caída te lleva directamente a las profundidades y sólo un accidente externo podría empujarte hacia ella. Es difícil que elijas esa puerta. Mientras que aquella de la Degradación te lleva indirectamente a los abismos, desandando

caminos, en una suerte de espiral turbulento en el que reconsideras de continuo todo lo perdido y todo lo sacrificado. Este examen de conciencia que lleva a la Degradación es, por cierto, un falso examen en el que subestimas y desproporcionas algunas cosas que comparas. Tú cotejas el esfuerzo del ascenso con aquellos "beneficios" que has abandonado. Pero, si miras las cosas más de cerca, verás que no has abandonado nada por este motivo sino por otros. La Degradación comienza pues falseando los motivos que, al parecer, fueron ajenos al ascenso. Yo pregunto ahora: ¿Qué traiciona a la mente? ¿Acaso los falsos motivos de un entusiasmo inicial? ¿Acaso la dificultad de la empresa? ¿Acaso el falso recuerdo de sacrificios que no existieron, o que fueron impulsados por otros motivos? Yo te digo y te pregunto ahora: tu casa se incendió hace tiempo. Por ello decidiste el ascenso, ¿o ahora piensas que por ascender aquella se incendió? ¿Acaso has mirado un poco lo que sucedió a otras casas de los alrededores?... No cabe duda que debes elegir la puerta media.

8. Sube por la escalinata del Intento y llegarás a una cúpula inestable. Desde allí, desplázate por un pasillo estrecho y sinuoso que conocerás como la "volubilidad", hasta llegar a un espacio amplio y vacío (como una plataforma), que lleva por nombre: "espacio-abierto-de-la-energía".

9. En ese espacio puedes espantarte por el paisaje desierto e inmenso y por el aterrador silencio de esa noche transfigurada por enormes estrellas inmóviles. Allí, exactamente sobre tu cabeza, verás clavada en el firmamento la insinuante forma de la Luna Negra... una extraña luna eclipsada que se opone exactamente al Sol. Allí debes esperar la alborada, paciente y con fe, pues nada malo puede ocurrir si te mantienes calmo.

10. Podría suceder en tal situación que quisieras arreglar una salida inmediata de allí. Si tal ocurre, podrías a tientas encaminarte a cualquier lugar con tal de no esperar el día prudentemente. Debes recordar que todo movimiento allí (en la oscuridad), es falso y genéricamente es llamado "improvisación". Si, olvidándote de lo que ahora menciono,

comenzaras a improvisar movimientos ten la certeza que serías arrastrado por un torbellino entre senderos y moradas hasta el fondo más oscuro de la disolución.

11. ¡Qué difícil resulta comprender que los estados internos están encadenados unos a otros! Si vieras qué lógica inflexible tiene la conciencia, advertirías que en la situación descripta quien improvisa a ciegas fatalmente comienza a degradar y a degradarse; surgen después en él los sentimientos de frustración y va cayendo luego en el resentimiento y en la muerte, sobreviniendo el olvido de todo lo que algún día alcanzó a percibir.

12. Si en la explanada logras alcanzar el día surgirá ante tus ojos el radiante Sol que ha de alumbrarte por vez primera la realidad. Entonces verás que en todo lo existente vive un Plan.

13. Es difícil que caigas desde allí salvo que voluntariamente quieras descender hacia regiones más oscuras para llevar la luz a las tinieblas.

No es valioso desarrollar más estos temas porque sin experiencia engañan, trasladando al campo de lo imaginario lo realizable. Que sirva lo dicho hasta aquí. Si lo explicado no te fuera útil qué podrías objetar, ya que nada tiene fundamento y razón para el escepticismo, próximo a la imagen de un espejo, al sonido de un eco, a la sombra de una sombra.

XX. LA REALIDAD INTERIOR

1. Repara en mis consideraciones. En ellas no habrás de intuir sino alegóricos fenómenos y paisajes del mundo externo. Pero también en ellas hay descripciones reales del mundo mental.

2. Tampoco debes creer que los "lugares" por donde pasas en tu andar, tengan algún tipo de existencia independiente. Semejante confusión hizo a menudo oscurecer profundas enseñanzas y así hasta hoy algunos creen que cielos, infiernos, ángeles, demonios, monstruos, castillos encantados, ciudades remotas y demás, tienen realidad visible para los "iluminados". El mismo prejuicio, pero con interpretación inversa, ha hecho presa de escépticos sin sabiduría que tomaron esas cosas por simples ilusiones o alucinaciones padecidas por mentes afiebradas.

3. Debo repetir, entonces, que en todo esto debes comprender que se trata de verdaderos

estados mentales, aunque simbolizados con objetos propios del mundo externo.

4. Toma en cuenta lo dicho y aprende a descubrir la verdad tras las alegorías que en ocasiones desvían a la mente, pero que en otras traducen realidades imposibles de captar sin representación.

Cuando se habló de las ciudades de los dioses adonde quisieron arribar numerosos héroes de distintos pueblos; cuando se habló de paraísos en que dioses y hombres convivían en original naturaleza transfigurada; cuando se habló de caídas y diluvios, se dijo gran verdad interior.

Luego los redentores trajeron sus mensajes y llegaron a nosotros en doble naturaleza, para restablecer aquella nostálgica unidad perdida. También entonces se dijo gran verdad interior.

Sin embargo, cuando se dijo todo aquello colocándolo fuera de la mente, se erró o se mintió.

Inversamente, el mundo externo confundido con la interna mirada obliga a ésta a recorrer nuevos caminos.

Así, hoy vuela hacia las estrellas el héroe de esta edad. Vuela a través de regiones antes ignoradas. Vuela hacia afuera de su mundo y, sin saberlo, va impulsado hasta el interno y luminoso centro.

LA EXPERIENCIA

Ceremonias

OFICIO

Se realiza a pedido de un conjunto de personas.

Oficiante: Mi mente está inquieta.

Conjunto: Mi mente está inquieta.

Oficiante: Mi corazón sobresaltado.

Conjunto: Mi corazón sobresaltado.

Oficiante: Mi cuerpo tenso.

Conjunto: Mi cuerpo tenso.

Oficiante: Aflojo mi cuerpo, mi corazón y mi mente.

Conjunto: Aflojo mi cuerpo, mi corazón y mi mente.

En lo posible, los concurrentes están sentados. El Auxiliar se para y cita un Principio o pensamiento de La Mirada Interna de acuerdo a las circunstancias, invitando a la meditación sobre el mismo. Pasan unos minutos y finalmente el Oficiante de pie, lee lentamente las frases siguientes, deteniéndose en cada una de ellas.

Oficiante: Relaja plenamente tu cuerpo y aquieta la mente...

Entonces, imagina una esfera transparente y luminosa que bajando hasta ti, termina por alojarse en tu corazón...

Reconocerás que la esfera comienza a transformarse en una sensación expansiva dentro de tu pecho...

La sensación de la esfera se expande desde tu corazón hacia afuera del cuerpo, mientras amplías tu respiración...

En tus manos y el resto del cuerpo tendrás nuevas sensaciones. ..

Percibirás ondulaciones progresivas y brotarán emociones y recuerdos positivos...

Deja que se produzca el pasaje de la Fuerza libremente. Esa Fuerza que da energía a tu cuerpo y mente...

Deja que la Fuerza se manifieste en ti...

Trata de ver su luz adentro de tus ojos y no impidas que ella obre por sí sola...

Siente la Fuerza y su luminosidad interna...

Deja que se manifieste libremente...

Auxiliar: Con esta Fuerza que hemos recibido, concentremos la mente en el cumplimiento de aquello que necesitamos realmente...

Invita a todos a ponerse de pie para que efectúen el Pedido. Luego transcurre un tiempo:

Oficiante: ¡Paz, Fuerza y Alegría!

Conjunto: También para ti, Paz, Fuerza y Alegría.

IMPOSICION

Se realiza a pedido de una o varias personas. Oficiante y Auxiliar están de pie.

Oficiante: Mi mente está inquieta.

Conjunto: Mi mente está inquieta.

Oficiante: Mi corazón sobresaltado.

Conjunto: Mi corazón sobresaltado.

Oficiante: Mi cuerpo tenso.

Conjunto: Mi cuerpo tenso.

Oficiante: Aflojo mi cuerpo, mi corazón y mi mente.

Conjunto: Aflojo mi cuerpo, mi corazón y mi mente.

Oficiante y Auxiliar se sientan, dejando transcurrir un tiempo. El Oficiante se pone de pie.

Oficiante: Si quieres recibir la Fuerza debes comprender que en el momento de la Imposición comenzarás a experimentar nuevas sensaciones. Percibirás ondulaciones progresivas y brotarán emociones y recuerdos positivos. Cuando eso ocurra, deja que se produzca el pasaje de la Fuerza libremente...

Deja que la Fuerza se manifieste en ti y no impidas que ella obre por sí sola...

Siente la Fuerza y su luminosidad interna...

Deja que se manifieste libremente...

Pasado un tiempo, el Auxiliar se pone de pie.

Auxiliar: Quien desee recibir la Fuerza, se puede poner de pie.

El Auxiliar invita, de acuerdo al número de los concurrentes a permanecer de pie al lado de los asientos o a formar un círculo alrededor del Oficiante. Pasado un momento, el Oficiante comienza la imposición. El Auxiliar, si es el caso, facilita los desplazamientos de los partícipes y, ocasionalmente, acompaña a algunos hasta sus asientos. Terminada la Imposición, se da un tiempo de asimilación de la experiencia.

Auxiliar: Con esta Fuerza que hemos recibido, concentremos la mente en el cumplimiento de aquello que necesitamos realmente, o bien concentremos la mente en aquello que alguien muy querido, necesita realmente.

Invita a todos a ponerse de pie para que efectúen silenciosamente sus pedidos. En ocasiones, alguno de los concurrentes formula un Pedido para alguien presente o ausente.

Transcurre un tiempo.

Oficiante: ¡Paz, Fuerza y Alegría!

Conjunto: También para ti, Paz, Fuerza y Alegría.

BIENESTAR

Se realiza a pedido de un conjunto de personas.
Los partícipes, en lo posible, están sentados.
Oficiante y auxiliar de pie.

Auxiliar: Aquí estamos reunidos para recordar a nuestros seres queridos. Algunos de ellos tienen dificultades en su vida afectiva, en su vida de relación, o en su salud. Hacia ellos dirigimos nuestros pensamientos y nuestros mejores deseos.

Oficiante: Confiamos en que llegue hasta ellos nuestro pedido de bienestar. Pensamos en nuestros seres queridos; sentimos la presencia de nuestros seres queridos y experimentamos el contacto con nuestros seres queridos.

Auxiliar: Tomaremos un corto tiempo para meditar en las dificultades que padecen esas personas.

Se da unos pocos minutos para que los concurrentes puedan meditar.

Oficiante: Quisiéramos ahora hacer sentir a aquellas personas, nuestros mejores deseos. Una oleada de alivio y bienestar debe llegar hasta ellas...

Auxiliar: Tomaremos un corto tiempo para ubicar mentalmente la situación de bienestar que deseamos a nuestros seres queridos.

Se da unos pocos minutos para que los concurrentes puedan concentrar su mente.

Oficiante: Concluiremos esta ceremonia dando la oportunidad, a quienes así lo deseen, de sentir la presencia de aquellos seres muy queridos que, *aunque no están aquí en nuestro tiempo y en nuestro espacio,* se relacionan con nosotros en la experiencia del amor, la paz y la cálida alegría...

Se da un corto tiempo.

Oficiante: Esto ha sido bueno para otros, reconfortante para nosotros e inspirador para nuestras vidas. Saludamos a todos inmersos en esta correntada de bienestar, reforzada por los buenos deseos de los aquí presentes.

PROTECCION

Ceremonia de participación individual o colectiva. Todos de pie. Oficiante y Auxiliar frente a los niños y éstos, rodeados por los concurrentes.

Auxiliar: Esta ceremonia tiene por objeto dar participación a los niños en nuestra comunidad.

Desde antiguo, los niños han sido objeto de ceremonias tales como bautismos, imposiciones de nombre, etc. Mediante ellas se ha reconocido el cambio de situación, el cambio de etapa en el ser humano.

Existieron y existen ciertas formalidades civiles mediante las cuales se hace constar el nacimiento, el lugar en que el hecho se produjo, etc. Pero la trascendencia espiritual que acompaña a una ceremonia de este tipo, nada tiene que ver con la frialdad de las constancias escritas sino que está ligada al júbilo de los padres y de la comunidad, al ser presentados los niños públicamente.

Esta es una ceremonia mediante la cual el estado de los niños cambia al convertirse en partícipes de una comunidad que se compromete a hacerse cargo de ellos en caso que desafortunadas circunstancias los dejaran desvalidos.

En esta ceremonia se pide protección para los niños y la comunidad los acoge como a nuevos hijos.

Pasado un tiempo, el Oficiante se dirige amablemente a los presentes.

Oficiante: Pedimos protección para estos niños.

Auxiliar: Los acogemos con júbilo y nos comprometemos a darles protección.

Oficiante: Elevemos ahora nuestros mejores deseos... ¡Paz y alegría para todos!

Impone amablemente una mano sobre la cabeza de cada niño y lo besa en la frente.

MATRIMONIO

Todos de pie. Una o varias parejas. Oficiante y Auxiliar de frente a las parejas.

Auxiliar: Desde tiempos remotos, los casamientos han sido ceremonias de cambio de estado de las personas.

Cuando alguien termina o comienza una nueva etapa de la vida, suele acompañar a esa situación con un determinado ritual. Nuestra vida personal y social está ligada a rituales más o menos aceptados por las costumbres. Decimos nuestros saludos a la mañana, distintos que a la noche; estrechamos la mano a un conocido; festejamos un cumple-años, una culminación de estudios o un cambio de trabajo. Nuestros deportes están acompañados de ritual y nuestras ceremonias religiosas, partidarias y cívicas nos colocan en la situación adecuada según sea el caso.

El matrimonio es un cambio importante en el estado de las personas y en todas las naciones tal hecho exige ciertas formalidades legales. Es decir que la relación conyugal ubica a los consortes en una nueva situación con respecto a la comunidad y al Estado. Pero cuando una pareja establece vínculos conyugales lo hace pensando en un nuevo estilo de vida, lo hace con sentimiento profundo y no con espíritu formal.

Hay por consiguiente, en esta ceremonia de cambio de estado, la intención de establecer un vínculo nuevo y en lo posible duradero con otra persona. Hay el deseo de recibir del otro lo mejor y dar al otro lo mejor. Hay la intención de llevar el vínculo más lejos, trayendo al mundo o adoptando niños.

Viendo así el casamiento, concedemos importancia a la legalidad del vínculo, pero en cuanto al sentido espiritual y emocional decimos que únicamente los cónyuges dan significado a esta
ceremonia.

En otras palabras. Esta ceremonia pone a dos seres humanos en situación de emprender una vida nueva y es en esta ceremonia en donde los contrayentes realizan esa profunda unión de acuerdo a su propio sentir.

Nosotros no casamos sino que ellos se casan delante de nuestra comunidad.

Oficiante: Y para que esta ceremonia sea propia y verdadera, preguntamos: *(dirigiéndose a un miembro de la pareja)* ¿Qué es para ti este matrimonio?

Quien es demandado explica en voz alta...

Oficiante: *(Dirigiéndose al otro miembro).* ¿Qué es para ti este matrimonio?

Quien es demandado explica en voz alta...

Oficiante: Por consiguiente, este matrimonio será de acuerdo a los deseos expresados y a las intenciones más profundas. *(Saluda afectuosamente a la/s pareja/s).*

ASISTENCIA

Esta es una ceremonia de mucho afecto y exige que quien la realiza dé lo mejor de sí.

La ceremonia puede ser repetida a pedido del interesado o de aquellos que cuidan de él.

El Oficiante a solas con el moribundo.

Cualquiera sea el aparente estado de lucidez o inconsciencia del moribundo, el Oficiante se aproxima a él hablando con voz suave, clara y pausada.

Oficiante: Los recuerdos de tu vida son el juicio de tus acciones. Puedes, en poco tiempo, recordar mucho de lo mejor que hay en ti. Recuerda entonces, pero sin sobresalto y purifica tu memoria. Recuerda suavemente y tranquiliza tu mente...

Hace silencio por unos minutos, retomando luego la palabra con el mismo tono e intensidad.

Rechaza ahora el sobresalto y el descorazonamiento...

Rechaza ahora el deseo de huir hacia regiones obscuras...

Rechaza ahora el apego a los recuerdos...

Queda ahora en libertad interior, con indiferencia hacia el ensueño del paisaje...

....

Toma ahora la resolución del ascenso...

La Luz pura clarea en las cumbres de las altas cadenas montañosas y las aguas de los-mil-colores bajan entre melodías irreconocibles hacia mesetas y praderas cristalinas...

No temas la presión de la Luz que te aleja de su centro cada vez más fuertemente. Absórbela como si fuera un líquido o un viento porque en ella, ciertamente, está la vida...

Cuando en la gran cadena montañosa encuentres la ciudad escondida debes conocer la entrada. Pero esto lo sabrás en el momento en que tu vida sea transformada. Sus enormes murallas están escritas en figuras, están escritas en colores, están "sentidas". En esta ciudad se guarda lo hecho y lo por hacer...

Hace un breve silencio, retomando luego la palabra con el mismo tono e intensidad.

Estás reconciliado...

Estás purificado...

Prepárate a entrar en la más hermosa Ciudad de la Luz, en esta ciudad jamás percibida por el ojo, nunca escuchada en su canto por el oído humano...

Ven, prepárate a entrar en la más hermosa Luz...

MUERTE

Oficiante: La vida ha cesado en este cuerpo.
Debemos hacer un esfuerzo para separar en
nuestra mente la imagen de este cuerpo y la imagen
de quien ahora recordamos...

Este cuerpo no nos escucha. Este cuerpo no es
quien nosotros recordamos...

Aquel que no siente la presencia de otra vida
separada del cuerpo, considere que aunque la
muerte haya paralizado al cuerpo, las acciones
realizadas siguen actuando y su influencia no se
detendrá jamás. Esta cadena de acciones desatadas
en vida no puede ser detenida por la muerte.
¡Qué profunda es la meditación en torno a esta
verdad, aunque no se comprenda totalmente la
transformación de una acción en otra!

Y aquel que siente la presencia de otra vida
separada, considere igualmente que la muerte solo
ha paralizado al cuerpo; que la mente una vez más
se ha liberado triunfalmente y se abre paso hacia
la Luz...

Sea cual fuere nuestro parecer, no lloremos los cuerpos. Meditemos más bien en la raíz de nuestras creencias y una suave y silenciosa alegría llegará hasta nosotros...

¡Paz en el corazón, luz en el entendimiento!

RECONOCIMIENTO

El Reconocimiento es una ceremonia de inclusión en la Comunidad. Inclusión por experiencias comunes, por ideales, actitudes y procedimientos compartidos.

Se realiza a pedido de un conjunto de personas y luego de un Oficio. Quienes van a participar deben contar con el texto escrito.

Oficiante y Auxiliar de pie.

Auxiliar: La realización de esta ceremonia ha sido pedida por aquellas personas que desean incluirse activamente en nuestra Comunidad. Aquí se expresará un compromiso personal y conjunto para trabajar por el mejoramiento de la vida de cada uno y por el mejoramiento de la vida de nuestro prójimo.

El auxiliar invita a quienes desean dar testimonio a ponerse de pie.

Oficiante: El dolor y el sufrimiento que experimentamos los seres humanos retrocederán si avanza el buen conocimiento, no el conocimiento al servicio del egoísmo y la opresión.

El buen conocimiento lleva a la justicia.

El buen conocimiento lleva a la reconciliación.

El buen conocimiento lleva, también, a descifrar lo sagrado en la profundidad de la conciencia.

Auxiliar *(y conjunto de quienes testimonian, leyendo):*

Consideramos al ser humano como máximo valor por encima del dinero, del Estado, de la religión, de los modelos y de los sistemas sociales.

Impulsamos la libertad de pensamiento.

Propiciamos la igualdad de derechos y la igualdad de oportunidades para todos los seres humanos.

Reconocemos y alentamos la diversidad de costumbres y culturas.

Nos oponemos a toda discriminación.

Consagramos la resistencia justa contra toda forma de violencia física, económica, racial, religiosa, sexual, psicológica y moral.

Oficiante: Por otra parte, así como nadie tiene derecho a discriminar a otros por su religión o su irreligiosidad, reclamamos para nosotros el derecho a proclamar nuestra espiritualidad y creencia en la inmortalidad y en lo sagrado.

Nuestra espiritualidad no es la espiritualidad de la superstición, no es la espiritualidad de la intolerancia, no es la espiritualidad del dogma, no es la espiritualidad de la violencia religiosa; es la espiritualidad que ha despertado de su profundo sueño para nutrir a los seres humanos en sus mejores aspiraciones.

Auxiliar *(y conjunto de quienes testimonian, leyendo):*

Queremos dar coherencia a nuestras vidas haciendo coincidir lo que pensamos, sentimos y hacemos.

Deseamos superar la mala conciencia reconociendo nuestros fracasos.

Aspiramos a persuadir y a reconciliar.

Nos proponemos dar creciente cumplimiento a esa regla que nos recuerda "tratar a los demás como queremos ser tratados".

Oficiante: Comenzaremos una vida nueva.

Buscaremos en nuestro interior los signos de lo sagrado y llevaremos a otros nuestro mensaje.

Auxiliar *(y conjunto de quienes testimonian, leyendo):*

Hoy comenzaremos la renovación de nuestra vida. Empezaremos buscando la paz mental y la

Fuerza que nos dé alegría y convicción. Después, iremos hasta las personas más cercanas a compartir con ellas todo lo grande y bueno que nos ha ocurrido.

Oficiante: Para todos Paz, Fuerza y Alegría.

Auxiliar *(y todos los presentes)*:

También para ti Paz, Fuerza y Alegría.

EL CAMINO

Si crees que tu vida termina con la muerte lo que piensas, sientes y haces, no tiene sentido. Todo concluye en la incoherencia, en la desintegración.

Si crees que tu vida no termina con la muerte, debe coincidir lo que piensas con lo que sientes y con lo que haces. Todo debe avanzar hacia la coherencia, hacia la unidad.

Si eres indiferente al dolor y el sufrimiento de los demás, toda ayuda que pidas no encontrará justificación.

Si no eres indiferente al dolor y sufrimiento de los demás, debes hacer que coincida lo que sientes con lo que pienses y hagas para ayudar a otros.

Aprende a tratar a los demás del modo en que quieres ser tratado.

Aprende a superar el dolor y el sufrimiento en ti, en tu prójimo y en la sociedad humana.

Aprende a resistir la violencia que hay en ti y fuera de ti.

Aprende a reconocer los signos de lo sagrado en ti y fuera de ti.

No dejes pasar tu vida sin preguntarte: "¿quién soy?"

No dejes pasar tu vida sin preguntarte:
"¿hacia dónde voy?"

No dejes pasar un día sin responderte
quién eres.

No dejes pasar un día sin responderte hacia
dónde vas.

No dejes pasar una gran alegría sin agradecer
en tu interior.

No dejes pasar una gran tristeza sin reclamar
en tu interior aquella alegría que quedó guardada.

No imagines que estas solo en tu pueblo, en
tu ciudad, en la Tierra y en los infinitos mundos.

No imagines que estas encadenado a este tiempo y a este espacio.

No imagines que en tu muerte se eterniza la soledad.

Información sobre El Mensaje de Silo
www.elmensajedesilo.net
www.silo.net

www.ingramcontent.com/pod-product-compliance
Lightning Source LLC
Chambersburg PA
CBHW020513030426
42337CB00011B/367